CRI

DE

RALLIEMENT.

HOMMAGE

AUX 221,

SUIVI DE LA LISTE DE CES HONORABLES DÉPUTÉS,

Par Alex. Jauffret.

Le sommeil est un crime
Quand il s'agit de liberté.

PARIS,

CHEZ TOUS LES MARCHANDS DE NOUVEAUTÉS.

1830.

CRI
DE
RALLIEMENT.

HOMMAGE
AUX 221.

> « Le sommeil est un crime
> « Quand il s'agit de liberté. »

Electeurs, réveillez-vous! on en veut à notre liberté! Cette idole, ou plutôt cette réalité, fanatique et sanglante lors des premiers élans révolutionnaires, comprimée par le vainqueur de Marengo, foulée aux pieds sous le sceptre impérial, ressuscitée et maintenue par l'auguste auteur de la restauration, jurée à la face des autels par Charles X: la liberté est défigurée, rendue méconnaissable, et transformée en fantôme impuissant par des hommes odieux à la nation, organes et instrumens d'une congrégation plus odieuse encore.

4

Electeurs! si la Patrie, épuisée par la longue fièvre révolutionnaire, a permis qu'une léthargie politique succédât à tant d'années de malheur et de gloire; si elle dort, c'est à vous de veiller: le sommeil est un crime quand il s'agit de liberté. Une ombre de pouvoir vous est encore accordée par ceux qui veulent vous anéantir. Eh bien! saisissez-la avec transport, avec courage, avec ce sang-froid que donne une bonne cause! La France compte sur vous; en vous seuls est son espoir et son avenir; sans vous, sans un accord sincère et vigoureux, sans une ferme résolution de vous rallier autour du faisceau libéral, autour de la Charte immortelle, métamorphosée en chimère par l'esprit de parti et les hurleurs du côté droit, notre liberté devient un problême. On fait plus que de la mettre en doute: les droits du peuple sont contestés, sont méconnus; l'auguste égalité, ce nivellement social, cette lave sacrée du volcan révolutionnaire, demeure sans consistance; notre existence civique est anéantie. Electeurs! souffrirez-vous que les flots de l'aristocratie soulèvent, ébranlent, renversent le trône constitutionnel; ne leur commanderez-vous pas de se briser contre le rocher de la liberté!

Électeurs! on nous accuse; on nous traite de rebelles, d'hommes de 93; on forge des conspirations pour nous rendre coupables. Un élément destructeur, allumé par des mains inconnues et impunies, porte la désolation dans nos provinces les plus fertiles; les tribunaux retentissent d'incriminations contre le gouvernement du Roi; des hommes dont le seul crime est d'écrire comme ils pensent, gémissent dans les cachots, confondus avec les malfaiteurs. Eh! dans quel moment, grand Dieu! au moment où, malgré la misère publique, à la suite de la saison la plus rigoureuse, sous l'influence du ciel le plus inclément, la sagesse et la résignation président à toutes nos actions, à toutes nos paroles; à l'époque où, revenus de l'ivresse des réactions, nous n'aspirons qu'au bonheur de vivre sous l'égide de lois salutaires et protectrices; à l'époque où l'industrie et le commerce sont désespérés; où le génie est obligé d'aller naturaliser ses créations chez un peuple rival, et mendier des encouragemens sur la rive étrangère; où, soumis aux dépositaires de l'autorité temporelle et spirituelle, nous souffrons sans murmurer et ne commettons d'autre crime que de désirer l'entière exécution d'un Code acheté au prix du sang de plusieurs millions de Français, immortalisé par un César-Justinien, reconnu par Louis XVIII et son auguste héritier.

L'absolutisme, gagé par la plus dangereuse des factions, par les coryphées du jésuitisme, s'aveugle avec calcul sur la distinction entre le juste et l'injuste. Tout moyen lui est bon pour soutenir son abominable doctrine. Afin de prolonger l'agonie d'un ministère anti-national, il vient d'arracher à la bonté septuagénaire du meilleur des rois, une proclamation inquiétante pour le repos public. Le houra de la contre-révolution se répercute depuis le faubourg Saint-Germain, le Carousel et Saint-Cloud, jusqu'aux extrémités les plus reculées du Royaume; des courriers stipendiés parcourent toutes les routes: sur tous les points le télégraphe agite ses bras séditieux pour introduire dans les élections un système de fraude et de corruption; les deniers du peuple sont prodigués pour assurer une coupable victoire au grand jour de la bataille électorale; des préfets égoïstes, des fonctionnaires timorés, lâchement attelés au char ministériel, immolent leur conscience à leur intérêt; mais tant d'efforts n'attestent que de la faiblesse. Les fils de Loyola ont agité le tocsin d'alarme; ils ont entendu sonner l'heure solennelle où va se terminer une lutte qui doit faire triompher le bon droit, affranchir la France des entraves opposées à son bonheur, à la perfectibilité de sa constitution, et trancher le cable britannique qui nous traîne à la remorque d'une puissance ennemie.

Électeurs! ne soyez point crédules, fermez l'oreille aux fallacieuses insinuations des agens ministériels. Erreur, mensonge et tartufferie,

voilà leur devise. Ici, et suivant les localités,
le prêtre, profitant avec adresse des traditions et
de l'ignorance populaires, prononce l'anathême,
et ne craint point de souiller de ses sermons
politiques le sanctuaire du Dieu de paix. Là, tel
fonctionnaire dont le vote a repoussé l'adresse
et membre du conseil-général de son départe-
ment, ou d'un arrondissement, dont il a prodi-
gué les trésors aux couvens, aux associations
mendiantes, au palais d'un prince de l'Église,
pauvre de quarante mille livres de rente, lé-
zard émissaire du père Roothaan, pantin con-
gréganiste qui a encensé tous les pouvoirs, rampe
furtivement devant vos suffrages, en vous pro-
mettant écoles primaires, enseignement mutuel,
routes nouvelles et mille autres améliorations.
Les journaux organes du patriotisme, vous ont
avertis de ces basses menées sorties du cerveau
des cabotins diplomatiques qui vous parlent de
destitutions, et poussent l'audace jusqu'à menacer
l'existence future de vos enfans. Représentans du
peuple! vous le savez, le sceptre du héros, du
grand des despotes, de l'homme des siècles, s'est
brisé contre l'opinion publique. L'ostracisme national a refoulé ce fils de la gloire au rocher de
Sainte-Hélène. L'étranger haineux, humilié de
ses défaites et même de ses succès, a cru pouvoir vous imposer des lois; mais il ne vous a
point vaincus. La Charte seule vous a conquis:

et cette Charte, œuvre sublime du Solon français, un essaim de Catilina, sorti de la souche
aristocratique, oserait vous en dépouiller!

La victoire vous sera puissamment disputée; sou-
tenus par la force de l'autorité, vos ennemis vous
menacent de tout ce que la ruse peut inventer de
plus perfide. Pour vous éblouir, pour surprendre
votre religion, on vous montre de loin un météore
glorieux, sur une mer orageuse : conduite par
l'homme aux trahisons vogue une flotte, lestée de
l'argent des contribuables, objet de la cupidité
de l'insatiable Albion. Il y a là, sans doute, de
quoi réveiller des souvenirs endormis par une
trop longue paix. Plus d'un cœur français a palpité
d'espérance et de joie au départ de cette armée
brillante de jeunesse, avide de gloire, jalouse de
rivaliser avec nos vieilles phalanges ; mais la politique tortueuse du cabinet britannique n'est-elle
point faite pour justifier vos sinistres préventions?
En sondant la conduite de ces ministres, poussés
dans l'arène par la faction occulte, ne devons-
nous pas craindre les conséquences tragiques
de ce burlesque drame ? Ah! si la nation
gémit encore sous les évènemens douloureux
qui ont surgi de son morcellement et de ses dis-
sensions intestines, trop de confiance dans ses
forces peut porter le coup mortel à ses libertés.
Il ne sera plus temps, le meurtre sera consommé,
le retour impossible.

Électeurs! représentans du peuple français, vous êtes les garans de l'indépendance nationale et de la prospérité publique; l'État c'est vous; à vous a été remise la balance de ses destinées. Songez aux 221! voilà des députés véritablement dignes de la noble mission que vous allez leur confier; qu'ils soient nommés par vous, défenseurs d'une nation généreuse qui ne veut plus que des institutions libérales; forts de leurs principes et des vôtres, ils se feront jour à travers cette haie de courtisans félons, de parasites du budjet, interposés entre le peuple et le Roi, pour cacher au Souverain les rayons vivifians du soleil de vérité....

Vous connaissez vos devoirs. La France, le monde entier ont les yeux fixés sur vous; hésiterez-vous entre des ministres anti-Français et le plus pur de notre sang? Césars électoraux! passez le Rubicon, mettez un terme à la torpeur qui consume, qui mine sourdement la plus belle des patries, écrasez sous le poids de votre indignation et de votre justice le vautour ministériel qui déchire ses entrailles.

Quelques jours vont décider de notre sort : il est entre vos mains, dépositaires et interprètes de l'opinion. Aristides français! ne consultez que votre conscience : la Charte est sur la sellette ; le Jury national est assemblé; c'est à lui de l'absoudre ou de la condamner; le présent et l'avenir sont là pour éterniser votre honte ou votre gloire.

Électeurs! n'êtes-vous donc pas libres? Que vous importent ces débris octogénaires, ces sang-sues nomades suspendues au milliard de l'indemnité; que vous importent ces idoles éphémères qui ne rèvent qu'à se gorger des dépouilles nationales! Ne songez, vous, qu'au bien de la patrie et à l'honneur de votre Roi. Charles X n'a-t-il pas proclamé qu'il était notre père à tous! Ne le prouve-t-il pas chaque jour? Son cœur, toujours jeune de noblesse, de bienfaisance, de générosité, ne veille t-il pas sans cesse pour sécher les pleurs du pauvre, de la veuve et de l'orphelin? N'est-il pas le digne successeur de Saint-Louis, de Henri IV, du roi martyr et du roi législateur?

Électeurs, prononcez-vous! que l'urne électorale soit pour vous l'autel de la verité! votre attitude calme et imposante suffira pour dissiper un nuage passager; les sourdes machinations les embûches tendues à votre bonne foi, tomberont comme l'épi sous la faulx électorale; votre courageuse résistance sera burinée au Temple de Mémoire! Champions de la Charte constitutionnelle! vos fils, à l'hiver de votre âge, s'écrieront:

Ils étaient aux élections de 1830!

LISTE
DES 221.

MM.	DÉPARTEMENS.
AGIER,	Deux-Sèvres.
ANDIGNÉ (marquis D'),	Maine-et-Loire.
ANGOSSE (D'),	Basses-Pyrénées.
ANGOT,	Manche.
ANDRÉ,	Haut-Rhin.
AUDRY DE PUYRAVEAU,	Charente-Infér.
BAILLOT,	Seine-et-Marne.
BALGUERIE (aîné),	Gironde.
BAVOUX,	Seine.
BÉRARD,	Seine-et-Oise.
BÉRENGER,	Drôme.
BÉRIGNY (DE),	Seine-Inférieure.
BERTIN DE VAUX,	Seine-et-Oise.
BERTRAND,	Haute-Loire.
BESSIÈRES,	Dordogne.
BIZEMONT (marquis DE),	Seine-et-Oise.
BOISSY D'ANGLAS (vicomte DE),	Ardèche.
BONDY (comte DE),	Indre.
BOIGUES,	Nièvre.
BOURDEAU,	Haute-Vienne.
BOURDON DU ROCHER.	Sarthe.
BOURGON (DE),	Doubs.
BRAY (DE),	Somme.
BRIGODE (baron DE),	Nord.
BRIQUEVILLE (DE),	Manche.
BRUN DE VILLERET,	Lozère.
BUSSON,	Eure-et-Loire.
BIGNON (baron DE)	Eure.
BOSC,	Aude.
BOSC,	Gironde.
BENJAMIN-CONSTANT,	Bas-Rhin.
BELLEMARE (DE),	Calvados.
BOULA DU COLOMBIER,	Vosges.

MM.	DÉPARTEMENS.
CABANON,	Seine-Inférieure.
CLAUSEL,	Ardennes.
COUDERC,	Rhône.
CUNIN-GRIDAINE,	Ardennes.
CAUMARTIN,	Somme.
CAUX (vicomte DE),	Nord.
CHAMPY,	Vosges.
CHARDEL,	Seine.
CASSAIGNOLLES,	Ardèche.
CALMELET,	Indre-et-Loire.
CALMON (DE)	Lot.
CHASTELIER (DE),	Gard.
CLÉMENT,	Doubs.
CORMENIN (vicomte de)	Loiret.
CORDIER,	Jura.
CRIGNON DE MONTIGNY,	Loiret.
CRIGNON DE BONVALLET,	Loire-et-Cher.
CRUBLIER DE FOUGÈRES,	Indre.
CAMBON (baron DE),	Tarn.
CAMBON (marquis DE),	Haute-Garonne.
CORDOUE (marquis DE)	Drôme.
CORCELLES (DE)	Seine.
DARTIGAUX,	Basses-Pyrénées.
DAUNOU,	Finistère.
DELALOT,	Charente.
DEMARÇAY,	Seine.
DEVAUX,	Cher.
DUFOUR DE BESSAN,	Gironde.
DUPONT,	Eure.
DURIS DUFRESNE,	Indre.
DAUNANT (baron),	Gard.
DELESSERT (baron DE),	Maine-et-Loire.
DELAUNAY,	Mayenne.
DIDOT,	Eure-et-Loire.
DOLLON (marquis DE)	Sarthe.
DUMAS (comte Mathieu),	Seine.
DUVERGIER DE HAURANNE,	Seine-Inférieure.
DESPATYS (baron),	Seine-et-Marne.

MM.	DÉPARTEMENS.
DOMPIERRE D'HORNOY,	Somme.
DUCHATEL (le comte),	Charente-Infér.
DUPIN (aîné),	Nièvre.
DUPIN (Charles),	Tarn.
DRÉE (le marquis DE),	Saône-et-Loire.
ÉNOUF,	Manche.
ÉTIENNE,	Meuse.
ESCHASSÉRIAUX,	Charente-Infér.
FAVARD DE LANGLADE,	Puy-de-Dôme.
FLEURY,	Calvados.
FLEURY,	Orne.
FÉLIX FAURE,	Isère.
FONTAINE,	Pas-de-Calais.
FROIDEFONDS,	Dordogne.
FONTETTE (baron DE),	Calvados.
GALLOT,	Charente-Infér.
GIROD DE L'AIN,	Indre-et-Loire.
GRAMMONT (DE),	Haute-Saône.
GUILHEM,	Maine-et-Loire.
GELLIBERT,	Charente.
GÉRARD (le comte),	Dordogne.
GRÉA,	Doubs.
GUÉHÉNEUC (le comte DE)	Marne.
GUIZOT,	Calvados.
GAUTIER,	Gironde.
GÉNIN,	Meuse.
GOUVE DE NUNCQUES (DE),	Pas-de-Calais.
GRAVIER,	Basses-Alpes.
HYDE DE NEUVILLE (baron),	Nièvre.
HERNOUX,	Côte-d'Or.
HARCOURT (comte D'),	Seine-et-Marne.
HARLÉ,	Pas-de-Calais.
HELY D'OISSEL (baron),	Seine-Inférieure.
HENNESY,	Charente.
HIS,	Orne.
HUMANN,	Aveyron.
HUMBLOT-COMTÉ,	Rhône.
JACQUEMINOT,	Vosges.
JOBERT-LUCAS,	Marne.

MM.	DÉPARTEMENS.
JARS,	Rhône.
JOUVENCEL (chev. DE),	Seine-et-Oise.
KÉRATRY,	Vendée.
LABBEY DE POMPIÈRES,	Aisne.
LAFAYETTE (DE),	Seine-et-Marne.
LAFAYETTE (Georges DE),	Seine-et-Marne.
LAFFITTE (Jacques),	Basses-Pyrénées.
LAFFITTE (Martin),	Seine-inférieure.
LAMETH (comte),	Seine-et-Oise.
LAVAL (DE),	Vendée.
LASCOURS (DE),	Gard.
LECARLIER,	Aisne.
LECLERC,	Calvados.
LEFEBVRE (Jacques),	Seine.
LEGRIX DE LASSALE,	Gironde.
LABORDE (Alexandre DE),	Seine.
LACHÈZE,	Loire.
LAISNÉ DE VILLÉVÊQUE,	Loire.
LEYVAL (baron Félix DE),	Puy-de-Dôme.
LAIDET (DE),	Basses-Alpes.
LA PERRINE D'HAUTPOUL,	Aude.
LEMERCIER (vicomte),	Orne.
LEPELLETIER D'AULNAY,	Seine-et-Oise.
LOBAU (comte DE),	Meurthe.
LOUIS (baron),	Seine.
LOUIS BAZILE,	Côte-d'Or.
LEVAILLANT,	Oise.
LAMARQUE (baron),	Landes.
LERIDANT (DE),	Morbihan.
LAFONT (baron),	Lot-et-Garonne.
LORGERIL (DE),	Ille-et-Vilaine.
LUSSY (DE),	Hautes-Pyrénées.
LEGENDRE,	Eure.
MAILLE,	Seine-Inférieure.
MAUGUIN,	Côte-d'Or.
MARTIN,	Seine-Inférieure.
MARCHEGAI DE LOUSIGNY,	Vendée.
MARCHAL,	Meurthe.
MÉCHIN (baron),	Aisne.

MM.	DÉPARTEMENS.
MORNAY (baron DE),	Ain.
MARTEL,	Gironde.
MEILET (DU),	Eure.
MERCIER (baron),	Orne.
MIGEON,	Haut-Rhin.
MOYNE,	Saône-et-Loire.
MARMIER (marquis DE),	Vosges.
METZ (DE),	Meurthe.
MOREL,	Nord.
MONTBRIANT (comte DE),	Ain.
NOGARET,	Aveyron.
ODIER,	Seine.
OBERKAMPF,	Seine-et-Oise.
PERRIER (Casimir),	Aube.
PERRIER (Alexandre),	Loire.
PERRIER (Camille),	Sarthe.
PERRIER (Augustin),	Isère.
PAILLARD DU CLÉRÉ,	Mayenne.
PATAILLE,	Hérault.
PODENAS (baron),	Aude.
PAVÉE DE VANDOEUVRE,	Aude.
PELET DE LA LOZÈRE,	Loir-et-Cher.
PETOU,	Seine-Inférieure.
POMMERAYE (DE LA),	Calvados.
POYFÉRÉ DE CÈRE,	Landes.
POUGEART DU LIMBERT,	Charente.
PREISSAC (comte DE),	Tarn-et-Garonne.
RODET,	Ain.
RIBOISSIÈRE (comte DE LA),	Ile-et-Vilaine.
RICHEMONT (DE),	Allier.
REINACH (baron),	Haut-Rhin.
RAMBUTEAU (comte DE),	Saône-et-Loire.
ROCHEFOUCAULD (A. DE LA),	Oise.
ROCHEFOUCAULD (G. DE LA),	Cher.
RENOUVIER,	Hérault.
RICARD (DE),	Gard.
ROMAN,	Yonne.
ROUILLÉ DE FONTAINE,	Somme.
ROYER-COLLARD,	Marne.

MM.	DÉPARTEMENS.
SCHONEN (baron DE),	Seine.
SALVERTE (Eusèbe),	Seine.
SAINT-AIGNAN (Louis DE),	Loire-Inférieure.
SAINT-AIGNAN (Auguste DE),	Loire-Inférieure.
SAGLIO,	Bas-Rhin.
SADE (Xavier DE),	Aisne.
SAPEY,	Isère.
SÉBASTIANI (comte DE),	Aisne.
SÉBASTIANI (vicomte DE),	Corse.
SIMMER (baron),	Puy-de-Dôme.
SAINTE-HERMINE (comte DE),	Deux-Sèvres.
SAUNAC,	Côte-d'Or.
SAINT-CRICQ,	Basses-Pyrénées.
TRONCHON,	Oise.
TURCKHEIM (DE),	Bas-Rhin.
TARDIF,	Calvados.
TOUVENEL,	Meurthe.
TIRLET,	Marne.
TRIBERT,	Deux-Sèvres.
TRACY (DE),	Allier.
THIARD (comte DE),	Saône-et-Loire.
TERNAUX (baron),	Vienne.
THIL,	Seine-Inférieure.
THOMAS,	Bouches-du-Rhône.
THIBORD DU CHALARD,	Creuse.
TOUPOT DE BÉVAUX,	Haute-Marne.
THÉNARD (baron),	Yonne.
VASSAL,	Seine.
VAULOT DE MORTAGNE,	Vosges.
VIENNET,	Hérault.
VERNEILH DE PUYRAZEAU,	Dordogne.
VOISIN DE GARTEMPE, (baron),	Creuse.
VANDEUL (DE),	Haute-Marne.

www.ingramcontent.com/pod-product-compliance
Lightning Source LLC
LaVergne TN
LVHW050227060726
842525LV00007B/2570